Das große Weihnachtsbuch
- Geschichten in Großdruckschrift -
Lieder, Backen, Basteln

Bilder von
Gabriele Beithner, Berti Breuer-Weber, Gisela Gottschlich,
Felicitas Kuhn, Gerti Lichtl, Joachim Löffel und Elfriede Türr

Texte von
Ernst Anschütz, Heidi Bock, Berti Breuer-Weber, Karl Enslin, Johann Daniel Falk,
Heinrich Hoffmann von Fallersleben, Friedrich Güll, Liselotte M. Hallmeier,
Wilhelm Hey, Heinrich Hoffmann, Johannes Mohr, Ursula Muhr,
Regina Roßdeutscher, Erika Scheuering, Christoph von Schmid und Theodor Storm

PESTALOZZI-VERLAG, ERLANGEN

Nuss-Säcklein

Wer will mir mit seinen Backen
diese dreißig Nüsse knacken?
Beißt nur, dass die Schale kracht,
doch nehmt auch den Kern in Acht!
Welcher Kopf hat keine Nase?
Welche Stadt hat keine Straße?
Welcher Laden hat keine Türe?
Welches Netz hat keine Schnüre?
Welcher Flügel hat keine Feder?
Welche Mühle hat keine Räder?
Welcher Mantel hat keinen Kragen?
Welcher Bauer hat keinen Wagen?
Welches Wasser hat keine Quelle?
Welcher Schneider hat keine Elle?
Welcher Hut hat keinen Rand?
Welcher König hat kein Land?
Welche Nadel hat kein Öhr?
Welche Mühle hat kein Wehr?
Welches Pferd hat keinen Huf?
Welcher Hahn hat keinen Ruf?
Welches Pflaster hat keinen Stein?
Welcher Stern hat keinen Schein?
Welches Schiff hat keinen Mast?
Welcher Baum hat keinen Ast?
Welches Fass hat keinen Spund?
Welches Haus hat keinen Grund?
Welcher Mann hat keine Frau?
Welcher Fuchs hat keinen Bau?
Welcher Schimmel hat keinen Stall?
Welche Büchs' gibt keinen Knall?
Welche Glocke gibt keinen Schall?
Welcher Ball tut keinen Fall?
Welche Jungfer trägt kein Geschmeid'?
Welcher Mann hat nie ein Kleid?
So, nun beißt und knackt gescheit!

Lösungen:

*Briefkopf
Bettstatt
Rollladen
Straßennetz
Konzertflügel
Mühlespiel
Trauermantel
Vogelbauer
Regenwasser
Aufschneider
Fingerhut
Zaunkönig
Stecknadel
Windmühle
Heupferd
Wasserhahn
Heftpflaster
Ordensstern
Weberschiff
Mastbaum
Salzfass
Vogelhaus
Hampelmann
Schimmelpilz
Pferd
Nadelbüchse
Käseglocke
Maskenball
Wasserjungfer
Schneemann*

Wenn der Herbst beginnt, kommt für viele Kinder eine Zeit, mit der sie nicht viel anfangen können. Ein kalter Wind weht und reißt alle Blätter von den Bäumen. Dazu regnet es beinahe jeden Tag. Nun wird es nicht mehr lange dauern, bis der erste Schnee fällt, und dann ist schon bald Weihnachten. Doch so weit denkt noch kein Kind voraus – wo doch eben erst der Sommer vorüber ist! Für weihnachtliche Gedanken ist es noch viel zu früh.

Aber so ist es nicht überall. Es gibt einen Ort, wo man sich bereits jetzt große Gedanken um das kommende Weihnachtsfest macht. Dort öffnet sich soeben ein großes Tor, das nun bis Weihnachten nicht mehr geschlossen wird. Es ist das verborgene Tor zur Himmelswerkstatt, durch das nach und nach die Englein erscheinen. Für sie beginnt nun die Zeit der Weihnachtsvorbereitungen.

Es gibt verschiedene Räume in der Himmelswerkstatt. Gleich links neben dem großen Eingangstor ist die Schneiderei. Hier sind die Englein schon emsig am Zuschneiden, Nähen und Bügeln.

So viele Kinder möchten für ihre Puppen zu Weihnachten neue Kleider haben — da bekommen die Schneiderenglein alle Hände voll zu tun.

Petrus sieht sich zu dieser Zeit immer gern in der Himmelswerkstatt um und plaudert ein Weilchen mit den Englein. Dabei erfährt er allerhand Neues über Puppenmütter und ihre Kleidersorgen.

Was hinter der nächsten Tür vor sich geht, kann man schon von weitem hören. Den ganzen Tag ertönt von dort der Lärm vom Hämmern, Sägen, Hobeln und Feilen. – Die Schreiner sind hier an der Arbeit. Unter ihren geschickten Händen entstehen Holztiere, Bagger, Flugzeuge, Skier und viele andere herrliche Spielsachen.

Wenn die Englein in der Schreinerei ein Stück vollendet haben, geben sie es nach nebenan zu den Malerengeln. Sie malen alle Spielsachen bunt und lustig an.

Man muss nur immer dem guten Duft nachgehen, dann gelangt man ganz bestimmt in die Backstube. Dort werden pausenlos die herrlichsten Plätzchen, Lebkuchen und Christstollen gebacken. Keinem Englein gelingt es daran vorbeizugehen, ohne zumindest einmal kurz hineinzusehen. Und meistens bleibt es nicht beim Hineinsehen, denn wenn es wieder gegangen ist, sind bestimmt einige von den besten Plätzchen einfach spurlos verschwunden. Aber die Englein in der Backstube wissen schon Bescheid und deshalb backen sie eben entsprechend mehr von den leckeren Sachen. Schließlich sind sie selbst kleine Feinschmecker und können dem köstlichen Duft so wenig widerstehen wie alle anderen.

Wer in den hintersten Raum der Himmelswerkstatt kommt, dem bietet sich ein trauriges Bild. Überall sitzen Puppen ohne Arme und ohne Beine. Viele haben keine Haare mehr oder ein Auge verloren. Auch Teddybären und Stofftiere, deren Fell zerrissen ist, sind dabei. Sie sind bestimmt alle einmal sehr hübsch gewesen, aber nun sind sie kaputt und kein Kind möchte mehr mit ihnen spielen. Doch zum Glück gibt es die Weihnachtsenglein. Sie haben alle diese Puppen, Teddys und Stofftiere eingesammelt und nähen sie sorgfältig wieder zusammen, setzen fehlende Arme und Beine wieder ein und geben ihnen neue Haare. Wenn sie dann noch neue Kleider aus der Schneiderei bekommen haben, sehen sie oft noch schöner aus als zu den Zeiten, wo sie noch neu waren.

In den Wochen vor Weihnachten kommen die Englein in der Himmelswerkstatt nicht zur Ruhe. Die ersten Geschenke werden schon zum 6. Dezember benötigt, wenn der Nikolaus auf die Erde fährt. Wie in jedem Jahr stellt der Nikolaus auch heute fest, dass alles rechtzeitig fertig geworden ist. Sein großer Gabensack ist in diesem Jahr wieder bis zum Rand mit Geschenken angefüllt. Die Englein haben fleißig gearbeitet. Aber für wen die einzelnen Weihnachtsgeschenke alle bestimmt sind, erfahren sie erst jetzt, denn soeben kommt der Postengel zurück, der auf der Erde die Wunschzettel der Kinder eingesammelt hat.

Nach dem Nikolaustag gönnen sich die Englein nun keine Pause mehr. Noch sind nicht alle Geschenke fertig und schließlich müssen alle eingepackt werden. Aber pünktlich zum Heiligen Abend haben sie es geschafft. Nun schmückt jedes Englein noch ein Weihnachtsbäumchen, dann macht es sich damit auf den Weg zur Erde. Dort wird es schon sehnsüchtig erwartet, denn überall freuen sich heute die Kinder auf das Kommen der Weihnachtsenglein und des Christkindes. Und von den Englein erhalten sie nun die Geschenke, die erst vor kurzer Zeit in der Himmelswerkstatt entstanden sind. Das Christkind aber bringt heute allen Menschen seinen weihnachtlichen Segen.

Nun herrscht endlich Ruhe in der Himmelswerkstatt. Das Tor wird geschlossen und sorgfältig abgesperrt. Es wird sich erst wieder öffnen, wenn im nächsten Herbst die Englein erscheinen, um sich aufs Neue an die Arbeit zu begeben. Bis dahin haben alle Zeit, um sich auszuruhen – die Ferien für die Englein haben begonnen.

Geschenke basteln und verpacken

Kerzenmanschette
Holzperlen und 2 cm große Filzscheiben werden abwechselnd auf einen Faden gezogen und zu einem Ring geschlossen. Als Manschette über eine Kerze gestreift, sieht das sehr hübsch aus.

Der Schneemann

eignet sich besonders gut als Verpackung für Kleingebäck.

Aus weißem Karton klebst du eine Rolle. An einem Ende schneidest du Zacken ein und biegst sie nach innen (Zeichnung 1). Du klebst eine passende, runde Pappschachtel darüber – das ist der Boden. An das andere Ende der Pappscheibe klebst du mit durchsichtiger Klebefolie auch einen Deckel in der gleichen Größe wie die Pappscheibe für den Boden. Der Deckel und der obere Rand der Rolle werden schwarz überzogen – ebenso der Hutrand (Zeichnung 2). Aus Buntpapier schneidest du die schwarzen Augen und Knöpfe und die rote Nase. Ein Streifen rotes Seidenpapier dient als Schal.

Kling, Glöckchen, klingelingeling

1. Kling, Glöck-chen, klin-ge-lin-ge-ling, kling, Glöck-chen, kling.
Lasst mich ein, ihr Kin-der, ist so kalt der Win-ter.
Öff-net mir die Tü-ren, lasst mich nicht er-frie-ren.
Kling, Glöck-chen, klin-ge-lin-ge-ling, kling, Glöck-chen, kling.

2. ... Mädchen, hört, und Bübchen,
macht mir auf das Stübchen,
bring euch milde Gaben,
sollt euch dran erlaben.
Kling, Glöckchen ...

Weihnachts-bäckerei

Magst du Plätzchen? Hier kannst du selbst welche backen. Vielleicht hilft dir auch die Mutter dabei. Sie kann zum Beispiel den Backofen anschalten. Die Backröhre muss vorgeheizt werden. Sag ihr, sie soll auf 150 Grad einstellen.

Wir backen Gewürztaler
Dazu brauchst du:
125 g Zucker, 125 g geriebene Mandeln oder Haselnüsse, 1/2 ungespritzte Zitrone, 1 Messerspitze Zimt, 1 Messerspitze Nelkenpulver, 1 Eiweiß.

Alle Zutaten kommen auf ein großes Holzbrett. Die halbe Zitrone wäschst du und reibst ihre Schale über die anderen Zutaten. Alles zusammen knetest du dann mit den Händen zu einem Teig. Rolle ihn ziemlich dick aus. Mit runden Förmchen stichst du nun kleine Taler aus. Fette das Backblech ein und setze die Taler nebeneinander darauf. Nun kommen sie für 30 Minuten in die Backröhre.
Wenn sie fertig sind, nimmst du sie gleich (nicht mit den Fingern!) vom Blech und lässt sie auf einem Kuchenrost kalt werden.
Und dann lass sie dir schmecken!

Bärbels neue Freundin

Vor dem Haus hält ein Auto. Die Mutti schaut aus dem Küchenfenster und sagt: „Das sind die neuen Mieter vom 2. Stock." Bärbel ist natürlich neugierig und klettert auf einen Stuhl. Sie sieht, wie gerade ein kleines Mädchen aus dem Auto steigt. „Schau, Mutti, jetzt krieg ich endlich eine neue Freundin!", ruft sie aufgeregt. „Na, so schnell geht das nicht", meint die Mutti, „aber eigentlich könnten wir sie begrüßen, sie kennen doch keinen Menschen im Haus." Sie holt einen großen Teller, legt ein paar rote Äpfel darauf, ein Stück Weihnachtsstollen, für jeden einen Lebkuchen und dazwischen steckt sie kleine Tannenzweiglein. Bärbel ist in die Speisekammer gerannt und kommt mit einer bunten Blechdose zurück. „Plätzchen auch noch", sagt sie eifrig, gibt noch Vanillekipferl und

Zimtsterne auf den Teller und schiebt sich eine Mandelmakrone in den Mund. „Aha, deshalb!", lacht die Mutti und dann tragen sie gemeinsam den Weihnachtsteller in den 2. Stock. Wie freuen sich die neuen Mieter über den lieben Besuch! Sie erzählen, dass sie aus einem anderen Land kommen und noch fremd sind. Die kleine Maria zeigt Bärbel gleich ihre Puppe und schon bald sind die beiden Kinder in ihr Spiel vertieft.

Am Abend sagt Bärbel: „Morgen kommt die Maria zu mir zum Spielen. Siehst du, Mutti, so schnell geht das bei mir mit einer neuen Freundin."

Die hungrigen Vöglein

Am Morgen holt die Oma frisches Brot im Bäckerladen und Mathias begleitet sie dabei. Eiskalt ist es heute früh! Am Weg sind alle Pfützen zugefroren. „Wenn wir heimkommen, müssen wir gleich die Vögel füttern", meint die Oma, „denn in dem harten Boden finden sie nichts mehr zu fressen." – „O ja, wir kaufen ihnen ein großes Stück Kuchen!", ruft Mathias, aber die Oma erklärt ihm, dass davon die Vögel sehr krank werden könnten. So besorgen sie unterwegs Sonnenblumenkerne, Futterhaferflocken und Meisenknödel. Zu Hause hängt die Oma das Vogelhäuschen so hoch an das Balkongeländer, dass es der schwarze Kater von Frau Schleicher nicht erreichen kann. Dann rösten sie die Haferflocken in einer Pfanne mit Fett an und streuen sie zusammen mit den Sonnenblumenkernen in das Vogel-

häuschen. "Jetzt binden wir noch die Knödel für die Meisen an", sagt die Oma. Dann stellen sie sich hinter den Vorhang und warten. "Meinst du, dass ein Vogel herfindet?", fragt Mathias und in dem Augenblick fliegt schon ein Spatz in das Häuschen. Es dauert gar nicht lange, da kommen von allen Seiten Amseln, Meisen und andere Vögel angeflogen und holen sich ihr Futter. Nach einer kleinen Weile sagt Mathias: "Ich habe auch Hunger, Omi." – "Willst du Sonnenblumenkerne oder lieber Meisenknödel, kleiner Spatz?" Da müssen beide fürchterlich lachen.

„Laterne, Laterne ..."

Nach dem Frühstück liest der Opa in der Zeitung. „Da steht, dass heute Abend ein Laternenzug ist. Willst du auch mitgehen, Hansi?", fragt er seinen kleinen Enkel. Hansi schaut ein bisschen traurig: „Ja, schon. Aber ich habe doch keine Laterne." – „Dann machen wir uns eben eine", sagt der Opa und baut ihm eine runde, gelbe Vollmondlaterne mit einem Mondgesicht darauf und innen hinein stellt er ein Licht. „Du hast die Ohren vergessen", meint Hansi, aber der Opa lacht: „Ein Mond hat doch keine Ohren!" Jetzt kann es Hansi fast nicht erwarten, dass es draußen dunkel wird, und er ist ganz aufgeregt vor lauter Freude.

Endlich ist es Abend. Am Marktplatz stehen schon Kinder mit ihren erleuchteten Laternen, und als alle da sind,

ziehen sie durch die Straßen. Was für ein schönes Bild! Viele Leute stehen auf den Gehsteigen oder schauen aus den Fenstern und bewundern die kleinen Kunstwerke. Da gibt es die verschiedensten Formen in allen bunten Farben. Die Lichter flackern und zaubern seltsame Muster auf den Schnee. Hansi trägt vorsichtig seinen Mond vor sich her und passt auf, dass das Licht nicht verlöscht. Nun fangen die Kinder zu singen an: „Laterne, Laterne, Sonne, Mond und Sterne ..." Dieses Lied kennt der Hansi schon und er singt kräftig mit. In der Nacht träumt er von seiner Mondlaterne, aber in seinem Traum hat sie riesengroße Ohren.

Der Traum

Ich lag und schlief; da träumte mir
ein wunderschöner Traum:
Es stand auf unserm Tisch vor mir
ein hoher Weihnachtsbaum.

Und bunte Lichter ohne Zahl,
die brannten ringsumher;
die Zweige waren allzumal
von goldnen Äpfeln schwer.

Und Zuckerpuppen hingen dran;
das war mal eine Pracht!
Da gab's, was ich nur wünschen kann
und was mir Freude macht.

Und als ich nach dem Baume sah
und ganz verwundert stand,
nach einem Apfel griff ich da
und alles, alles schwand.

Da wacht' ich auf aus meinem Traum
und dunkel war's um mich.
Du lieber, schöner Weihnachtsbaum,
sag an, wo find ich dich?

Da war es just, als rief er mir:
„Du darfst nur artig sein,
dann steh ich wiederum vor dir;
jetzt aber schlaf nur ein!

Und wenn du folgst und artig bist,
dann ist erfüllt dein Traum,
dann bringet dir der heil'ge Christ
den schönsten Weihnachtsbaum."

Wer bastelt mit?

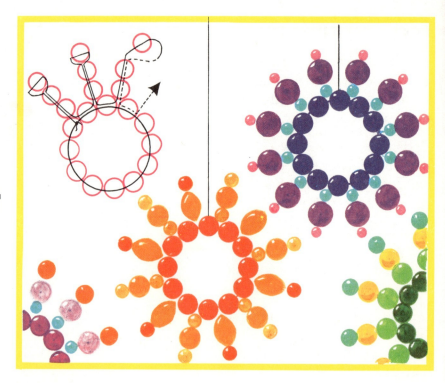

Glitzersterne

Du brauchst: Bunte Glasperlen und feinen Blumendraht. Du fädelst 12 Perlen auf und schließt einen Ring. Auf der Zeichnung siehst du, wie die Strahlen gemacht werden: Du fasst zwei oder drei Perlen auf und schiebst den Draht durch die ersten beiden Perlen zurück und durch eine Perle des Rings, dann fädelst du die nächsten auf und wiederholst das Ganze, bis zwischen allen Perlen des Ringes Strahlen hervorkommen.

Ein Zapfenmännlein

Es besteht aus einem Kiefernzapfen mit einer dicken Holzperle als Kopf. Das Gesicht ist aufgemalt. Die Haare sind aus Hanf, der Fuß ist ein Stück Garnrolle. Die spitze Zipfelmütze wurde aus Filz geklebt. Als Schal trägt das Männchen ein Stückchen buntes Band. Alle Teile wurden mit Alleskleber aneinandergeklebt.

Das Nussmännchen

Zeichne die Umrisse von Mantel, Mütze und Ärmel durch ein durchsichtiges Butterbrotpapier (bedenke, dass du den Ärmel doppelt brauchst!) und übertrage die Teile auf ein rotes Buntpapier. In den gelben Feldern siehst du genau, wie du das Kleidchen kleben und einschneiden musst. Dann klebst du das Nussköpfchen auf, dem du zuvor ein lustiges Gesicht gegeben hast. Der hübsche, weiße Bart besteht aus Watte, ebenso der Rand und die Bommel am Mützchen. Nun klebst du noch die Arme an und das Nussmännchen ist fertig.

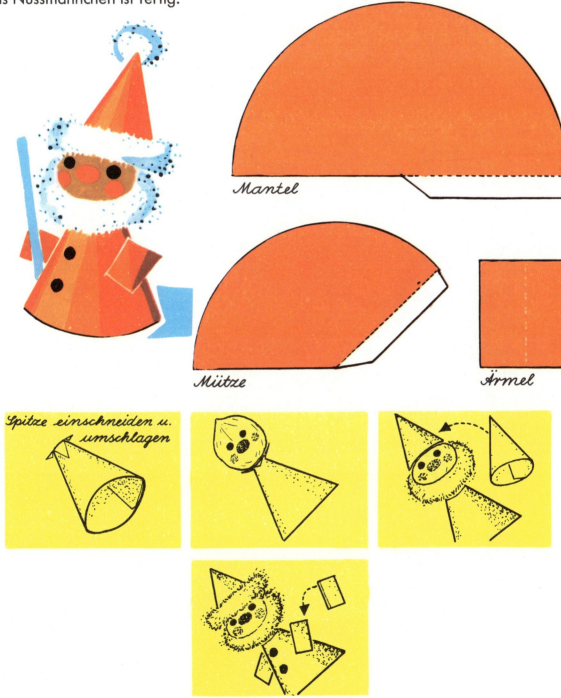

O Tannenbaum

1. O Tan-nen-baum, o Tan-nen-baum, wie treu sind dei-ne Blät-ter. Du grünst nicht nur zur Som-mers-zeit, nein, auch im Win-ter, wenn es schneit! O Tan-nen-baum, o Tan-nen-baum, wie treu sind dei-ne Blät-ter.

2. O Tannenbaum, o Tannenbaum,
du kannst mir sehr gefallen!
Wie oft hat nicht zur Weihnachtszeit
ein Baum von dir mich hoch erfreut!
O Tannenbaum, o Tannenbaum,
du kannst mir sehr gefallen!

3. O Tannenbaum, o Tannenbaum,
dein Kleid will mich was lehren:
Die Hoffnung und Beständigkeit
gibt Trost und Kraft zu jeder Zeit,
o Tannenbaum, o Tannenbaum,
dein Kleid will mich was lehren.

Die fleißigen Weihnachtsenglein

Viele Wochen lang haben sich die Weihnachtsengel auf das Fest vorbereitet. Jetzt ist es endlich so weit: Beladen mit bunten Geschenkpäckchen machen sie sich auf den Weg zur Erde. Aber es gibt immer noch viel zu tun! Jedes Engelchen hat eine bestimmte Aufgabe zu erfüllen.

Biggi zum Beispiel hängt strahlende Weihnachtssterne an den Himmel, damit die Christnacht besonders hell wird. „Bis später!", winkt sie ihren Freundinnen zu. „Ich komme nach, sobald ich hier fertig bin!" Dann poliert sie noch schnell einen Stern blitzblank und hängt ihn auf.

Als Erstes fliegen die Engel in den Wald, um dort Tannenbäume zu fällen. Sie haben ihre Päckchen versteckt und dafür das Werkzeug ausgepackt. Mit Sägen und Beilen machen sie sich an die Arbeit. Sie kommen ganz schön ins Schwitzen dabei! Biene ist als erste fertig. „Ich

geh schon mal ins Dorf!", ruft sie. Sie legt sich das Tannenbäumchen über die Schulter und stapft los. „Puh!", stöhnen die anderen. „Ist das eine Plackerei!" Aber es muss sein ... Oder kannst du dir ein Weihnachtsfest ohne Christbaum vorstellen?

Endlich sind alle Weihnachtsbäume gefällt. Im Nu sind sie geschmückt und auf den Schlitten geladen. Jetzt wird es ernst! Doch wie in jedem Jahr haben die Engel vorher noch eine Überraschung für die Waldtiere vorbereitet: Sie bringen ihnen ein Bäumchen voller Leckereien und

Kerzen. „Das möchte ich diesmal machen!", bittet Moni. Sie hat Tiere nämlich besonders gern. Die anderen erfüllen ihr diesen Wunsch und fahren mit dem voll beladenen Schlitten davon. „Hü!", ruft Engelchen Susanne auf dem Kutschbock. „Los geht's! Die Kinder warten schon!"

Im Dorf angekommen, schlüpfen die Engelchen geschwind in eine Backstube. Es fehlt nämlich noch etwas Weihnachtsgebäck. Fleißig kneten sie Teig, stechen Plätzchen aus und verzieren Torten – die Engel sind gute kleine Bäcker! Schon bald duftet es herrlich nach Zimt und

Nelken, nach Zuckerguss und Schokolade. Susanne macht sich auf den Weg, um Kuchen und Torten auszutragen. „Nascht nicht so viel!", kichert sie fröhlich. „Sonst seid ihr für den Rückflug zu schwer!" Aber zum Naschen haben die Engel gar keine Zeit. Es gibt so viel zu tun!

Noch immer sind die Engelchen nicht mit ihren Vorbereitungen fertig. Jetzt müssen sie letzte Arbeiten in der Spielzeugwerkstatt erledigen. Bei einigen Holzhäuschen fehlt die rote Farbe für das Dach und an dem großen Lastwagen muss die Tür festgeschraubt werden. Sobald

etwas fertig wird, saust Silvy los und bringt das Geschenk zu einem Kind. Für den kleinen Jörg trägt sie gerade einen Teddybären weg. Da wird der Junge staunen, wenn er aufwacht! „Tschüs, Teddy!", flüstert Silvy. „Viel Spaß bei Jörg! Er wird dich sehr lieb haben!"

Dann ist es so weit: Die letzten Handgriffe sind erledigt und alle Päckchen gepackt. Jetzt dürfen auch die vier übrigen Engelchen Geschenke verteilen – das tun sie schließlich am allerliebsten! Hui! schon sausen sie mit ihren Schlitten den Berg hinunter ins Nachbardorf.

Die Schlittenglöckchen klingeln hell. Klingling, klingling! „Bis später!", ruft Sonny und biegt in einen Seitenweg ein. Auch dort wohnen Kinder, die auf Geschenke warten. Sicher lauschen sie schon, ob sie nicht in der Ferne das feine Läuten der Glöckchen hören können.

Im Tal angekommen, müssen die Engel zu Fuß weitergehen. Schwer beladen ziehen sie los. Trixi geht mit ihren Paketen zum Försterhaus, das einsam im Wald liegt. Was sie wohl den Försterkindern bringen wird? Auf jeden Fall eine hübsch geschmückte Tanne.

„Sieh nur, wie in dem Bach die Eisschollen treiben! Und hörst du, wie der Schnee bei jedem Schritt knirscht? Das ist doch eine herrliche Nacht!", sagt Konny zu ihrer Freundin Sarah. „Du alte Träumerin!", lacht Sarah. „Trödle nicht so, die Kinder warten doch!"

Schließlich haben die beiden alle Päckchen verteilt. Sarah späht noch einmal neugierig durch ein Fenster. Wie die Kinder jubeln! „Ich glaube, wir haben genau das Richtige gebracht!", freut sich das Engelchen. Konny schmückt unterdessen den Tannenbaum auf dem Dorfplatz.

Eine Kerze noch, dann ist der Baum fertig. „Komm schon, Sarah, wir haben's geschafft! Lass uns zurückfliegen!", ruft Konny. Sarah wirft noch einen letzten Blick durch das Fenster, dann machen sie sich glücklich auf den Weg zum Treffpunkt. Was wohl die anderen erlebt haben?

Die Engel warten schon auf die beiden Freundinnen. Gemeinsam fliegen sie zurück in den Himmel. Dort hält Betsy nach ihnen Ausschau. Sie konnte in diesem Jahr nicht mit auf die Erde kommen, weil sie krank war. „Schnell, rein mit euch!", ruft sie schon von weitem. „Ihr

müsst mir ganz genau erzählen, wie es war! Ich wäre ja so gern mitgekommen!" Dann setzen sich die Engel gemütlich zusammen und jeder berichtet von seinen Erlebnissen in der Christnacht auf der Erde. Betsy seufzt sehnsüchtig: „Wenn nur schon wieder ein Jahr vorüber wäre!"

Leise rieselt der Schnee

1. Lei-se rie-selt der Schnee, still und starr ruht der See:_ weih-nacht-lich glän-zet der Wald:_ Freu-e dich, Christ-kind kommt bald!

2. In den Herzen wird's warm,
still schweigt Kummer und Harm,
Sorge des Lebens verhallt:
Freue dich, Christkind kommt bald!

3. Bald ist Heilige Nacht,
Chor der Engel erwacht,
hört nur, wie lieblich es schallt:
Freue dich, Christkind kommt bald!

Weihnachtsbäckerei

Möchtest du noch ein paar Plätzchen backen? Hier ist ein schnelles Rezept:

Nusshäufchen
Als Zutaten brauchst du:
2 Eiweiß, 185 g Zucker, 5 g Zimt, 125 g gemahlene Haselnusskerne, Backoblaten
Backtemperatur: 150 Grad (vorheizen!)

Zu den Eiweiß in einer Schüssel kommt ein Drittel der Zuckermenge. Schlage es mit dem Mixer zu steifem Schnee. Dann nimmst du einen Rührlöffel und hebst damit den restlichen Zucker, den Zimt und die Haselnüsse vorsichtig unter.
Nun legst du ein Backblech mit den Backoblaten aus. Darauf setzt du kleine Häufchen von dem Teig. Anschließend kommt das Blech in die Backröhre. Die Plätzchen werden dort ungefähr 35 Minuten lang gebacken.

Übrigens: Die Oblaten sind wichtig. Sie sorgen dafür, dass der Teig beim Backen nicht davonfließt. Außerdem bewirken sie, dass die Plätzchen schön saftig bleiben.

Der Nikolaus kommt

Max und Ralf toben durchs Kinderzimmer. „Heute kommt der Nikolaus!", rufen sie, denn der Vater hatte am Morgen gesagt, dass der Nikolaus höchstpersönlich zu ihnen ins Haus kommen würde. Da hören sie auf einmal schwere Schritte auf der Treppe. „Der Nikolaus", flüstert Max aufgeregt und versteckt sich hinter dem Sofa. Ralf kriecht unter den Tisch. Jetzt öffnet jemand die Tür. „Ja, wo sind denn meine Helden?" Aber das ist ja der Opa! Die beiden atmen erleichtert auf und kommen aus ihren Verstecken.

„Könnt ihr denn noch euer Nikolaussprüchlein?", fragt sie der Opa. „Klar", meint Max, „ist doch kinderleicht." Da klopft es plötzlich „bummbumm" an die Tür. Schon wird sie aufgerissen und mitten im Zimmer steht ... der Nikolaus. Max und Ralf halten sich schnell am Opa fest. „Guten Abend, liebe Kinder", spricht der Nikolaus, „wart ihr auch schön brav?" Die beiden schauen sich etwas verlegen an und fangen an zu stottern: „Ja ... ja." Zum Glück fällt ihnen ihr Sprüchlein ein: „Bitte, lieber Nikolaus, leere uns dein Säcklein aus!"

„Na, da wollen wir einmal sehen, was das Christkind alles eingepackt hat", sagt der Nikolaus freundlich und schon kullern Äpfel und Nüsse, Pfefferkuchen und Schokoladenweihnachtsmänner über den Tisch. Eifrig sammeln Ralf und Max die feinen Sachen ein. Was für eine Freude, für jeden ist auch noch ein bunter Hampelmann dabei! Als sie sich bedanken wollen, ist der Nikolaus schon längst aus dem Zimmer gegangen.

Knecht Ruprecht
(Theodor Storm 1817-1888)

Von drauß' vom Walde komm ich her;
ich muss euch sagen, es weihnachtet sehr!
Allüberall auf den Tannenspitzen
sah ich goldene Lichtlein sitzen
und droben aus dem Himmelstor
sah mit großen Augen das Christkind hervor.
Und wie ich so strolcht' durch den finstern Tann,
da rief's mich mit heller Stimme an:
„Knecht Ruprecht", rief es, „alter Gesell,
hebe die Beine und spute dich schnell!
Die Kerzen fangen zu brennen an,
das Himmelstor ist aufgetan,
Alt' und Junge sollen nun
von der Jagd des Lebens einmal ruhn;
und morgen flieg ich hinab zur Erden,
denn es soll wieder Weihnachten werden!"
Ich sprach: „O lieber Herre Christ,
meine Reise fast zu Ende ist;
ich soll nur noch in diese Stadt,
wo's eitel gute Kinder hat."
„Hast denn das Säcklein auch bei dir?"
Ich sprach: „Das Säcklein, das ist hier:
denn Äpfel, Nuss und Mandelkern
essen fromme Kinder gern."
„Hast denn die Rute auch bei dir?"
Ich sprach: „Die Rute, die ist hier;
doch für die Kinder nur, die schlechten,
die trifft sie auf den Teil, den rechten."
Christkindlein sprach: „So ist es recht!
So geh mit Gott, mein treuer Knecht!"

Von drauß' vom Walde komm ich her;
ich muss euch sagen, es weihnachtet sehr!
Nun sprecht, wie ich's hierinnen find!
Sind's gute Kind', sind's böse Kind'?

Kurt und Sabine feiern Advent

Der Vater hat mit Sabine und Kurt einen Schneemann im Vorgarten gebaut. Kurt wohnt im selben Haus wie Sabine und geht schon in die Schule. „Jetzt aber schnell nach Haus", meint Sabines Vater besorgt, „es wird schon dunkel und Kurts Mutter wird warten." – „Meine Mutti kommt heute später von der Arbeit heim", sagt Kurt, „ich hab den Schlüssel an einer Schnur um den Hals hängen." „Na, dann komm doch auf ein Stündchen mit zu uns", lädt ihn Sabines Vater ein.

Im Wohnzimmer ist es mollig warm. Es duftet nach Tannengrün und Äpfeln. Am Adventskranz brennen die Kerzen. Richtig feierlich ist es. Und als alle gemütlich um den Tisch sitzen, bringt Sabines Mutter heißen Kräutertee und kleines, buntes Gebäck. Sabine holt das große Weihnachtsbuch. „Der Kurt kann schon lesen", sagt sie. Zuerst ist Kurt ein wenig schüchtern, aber dann liest er die Geschichte vom Christkind vor, das bald auf die Welt kommen wird. Sabine schaut in das Kerzenlicht. „Im Kindergarten haben wir ein Gedicht gelernt: Advent, Advent, ein Lichtlein brennt, erst eins, dann zwei, dann drei, dann vier, dann steht das Christkind vor der Tür". Die Mutter lächelt: „Ja, Advent ist eine wundervolle Zeit, wenn wir alle auf das Weihnachtsfest warten. Und jetzt wollen wir noch ein paar Adventslieder zusammen singen." Dann muss Kurt nach Hause gehen und er vergisst beinahe, „danke" und „auf Wiedersehen" zu sagen, so schön war's bei Sabine und ihren Eltern.

Micha und der Bär

Ein altes Märchen erzählt von einem Jungen, der Micha hieß. Er wohnte mit seinen Eltern in einem kleinen Haus in einem fernen Land. Es war bitterkalt im Winter, der Schnee fiel in einem fort vom Himmel und bedeckte alle Häuser und Bäume. Vater und Mutter arbeiteten im nahen Wald und Micha war viel allein.

So war es auch an einem Abend vor dem Weihnachtsfest. Der Wind pfiff ums Haus und peitschte den Schnee vom Dach. Micha saß auf der Ofenbank und schaute in die flackernde Flamme der Petroleumlampe. Da riss der Sturm mit einem Mal die Tür auf, Schneeflocken wehten herein und glitzerten wie Millionen von Sternchen im Licht. Micha meinte, er habe den Sternenmantel vom

Christkind gesehen, und lief aus dem Haus. Er stapfte durch den hohen Schnee, aber wo er auch suchte, das Christkind sah er nicht. Es schneite in dichten Flocken und bald fand er den Weg nicht mehr zurück. Auf einmal hörte er ein Brummen und vor ihm lag ein Bärenjunges. Micha hatte keine Angst, denn der Bär nickte ihm freundlich zu und sagte: „Komm, ich will dich wärmen." Da kuschelte sich Micha an das warme Bärenfell und schlief ein. So fanden ihn seine Eltern, als sie aus dem Wald kamen, und trugen ihn heim. Der Bär trottete neben ihm her und wich nicht mehr von Michas Seite. Er wurde sein Spielgefährte, der ihn immer beschützte, und Micha war nie mehr allein.

O du fröhliche

2. O du fröhliche, o du selige,
gnadenbringende Weihnachtszeit!
Christ ist erschienen,
uns zu versühnen:
Freue, freue dich, o Christenheit!

3. O du fröhliche, o du selige,
gnadenbringende Weihnachtszeit!
Himmlische Heere
jauchzen dir Ehre:
Freue, freue dich, o Christenheit!

Ein Brief an das Christkind

„Es ist an der Zeit, dass ihr euere Wunschzettel schreibt", sagt die Mutter zu Hanni und Heidi, „denn in diesen Tagen fliegen die Englein von Haus zu Haus und sammeln die Briefe ein, die auf den Fensterbrettern liegen. Dabei schauen sie in die Zimmer hinein, weil sie wissen wollen, ob die Kinder auch brav sind." Hanni und Heidi holen sich Schreibpapier und Bleistifte und schreiben an das Christkind. Danach legen sie ihre Wunschzettel vor das Fenster, und als sie am anderen Morgen nachsehen, ob ein Englein die Briefchen schon geholt hat, müssen

sie feststellen, dass Hannis Umschlag noch da liegt. Hanni kann das ganz und gar nicht verstehen. „Ja, was hast du denn geschrieben?", fragt der Vater. Hanni liest vor: „Liebes Christkind, ich will Schlittschuhe, ein Fahrrad, ein Paar Schier, einen Schlitten, fünf Bücher, Kasperlfiguren, einen Baukasten, einen Teddy, eine große Puppe mit vielen Kleidern und einen Puppenschrank, einen Christbaum und tolle Überraschungen. Hanni." – „Na, du bist ja ganz schön unbescheiden", meint der Vater nachdenklich, „man schreibt nicht ‚ich will' und das Wort ‚bitte' finde ich auch nirgends."

Hanni bekommt ein ganz rotes Köpfchen und schämt sich. „Dann schreib ich halt meinen Wunschzettel noch einmal", murmelt sie. Und am nächsten Tag ist dieses Briefchen an das Christkind auch verschwunden.

Am Weihnachtsmorgen

Als der frühe Morgen graut
und durchs kleine Fenster schaut,
da erwachen beide schon
und die Mutter sieht den Sohn,
der noch eben krank gewesen,
heiter, blühend und genesen.
Hundertfacher Kerzenschein
füllt das kleine Zimmerlein.
Und in herrlicher Verklärung
glänzt die prächtige Bescherung.
Alles hat in später Nacht
hier der Engel hergebracht;
Weihnachtsbaum in vollem Prangen,
wunderherrlich ausgeschmückt
und mit allem reich behangen,
was nur Aug' und Herz entzückt,
da ist auch der Struwwelpeter
und der lustige Trompeter;
Nüsseknacker steht dabei,
Hanselmänner sind es zwei,
Arche Noah und ein Hahn,
Häuser, Kirch' und Baum daran,
und daneben auf der Erd'
steht sogar das Schaukelpferd.

Vom kleinen Kiefernzapfen

An einer hohen Kiefer hingen viele braune Zapfen. Sie schauten in den Abendhimmel hinauf und träumten wieder einmal ihren Lieblingstraum. „Ach", seufzten sie, „wie gern möchten wir auch so golden glänzen wie dort oben der große Stern!" Nur ein ganz, ganz winziger Zapfen dachte bei sich: „Ich bin halt so, wie ich bin, klein und braun, und muss damit zufrieden sein." Er schaukelte ein bisschen hin und her und purzelte auf einmal hinunter ins Moos.

Am anderen Tag ging die Liese durch den Wald und

sammelte allerlei Zapfen. Sie legte auch unseren kleinen in den Henkelkorb und trug alle nach Hause in ihre Werkstatt. Dort standen bunte Farbtöpfe und lagen seidene Bänder und Blüten und tausend andere Dinge. Mit denen verzierte Liese die braunen Zapfen liebevoll, um sie später in ihrer Bude am Weihnachtsmarkt zu verkaufen. Als sie unseren Zapfen in die Hand nahm, rief sie: „Ja, wen habe ich denn da erwischt! Nun, weil du gar so winzig und unscheinbar bist, bekommst du ein feines goldenes Kleidchen." Und sie bemalte ihn mit goldener Farbe, bestäubte ihn mit Goldpuder und befestigte ihn an goldenen Bändern. Da strahlte der kleine Zapfen!
Und wenn du, liebes Kind, auf den Weihnachtsmarkt gehst, siehst du ihn ganz bestimmt. Du kannst ihn gar nicht verwechseln, denn er glitzert so golden wie ein Stern.

Auf dem Weihnachtsmarkt

Am späten Nachmittag ist Onkel Heinz gekommen und hat Stefan abgeholt. „Ich habe eine Überraschung für dich", hat er gesagt, „wir gehen zusammen auf den Weihnachtsmarkt." Na, das ist eine Freude für Stefan gewesen!

Jetzt sind sie in der Stadt. Wie weihnachtlich alles geschmückt und beleuchtet ist! Ein feiner Duft zieht durch die Gassen und leise Weihnachtsmusik erklingt. Da steht auch schon die erste Marktbude. Stefan staunt. Golden und silbern glitzert und funkelt der Christbaumschmuck, der von der Decke herabhängt und sich leicht bewegt. In einer anderen Bude liegen viele bunte Spielsachen und Bilderbücher aus und in der nächsten stehen Krippenfiguren und Rauschgoldengel. Daneben kann man warme Handschuhe und Mützen kaufen und dann kommen

die Lebkuchen- und Bratwurstbuden. So viele Herrlichkeiten auf einmal hat Stefan noch nie gesehen!
„Möchtest du gebrannte Mandeln?", fragt ihn der Onkel. „Nein, lieber Bratwürste ... bitte", sagt Stefan. Onkel Heinz kauft zwei Bratwürste in einer Semmel. „Mit Senf!", ruft da der kleine Stefan der dicken Marktfrau zu. Die lacht: „Aber nicht kleckern!" Später darf sich Stefan in der Spielzeugbude noch ein kleines Auto aussuchen und für die Eltern nehmen sie Lebkuchen mit.
Auf dem Heimweg fragt Onkel Heinz: „Wie hat's dir denn auf dem Weihnachtsmarkt gefallen?" Stefan strahlt: „Ganz toll! Gehen wir morgen wieder hin?" Da schmunzelt der Onkel: „Vielleicht übermorgen, ja?"

Peter holt den Christbaum

Peters Vater ist Förster. Eines Morgens sagt er: „Peter, nimm bitte deinen Schlitten, wir gehen zusammen in den Wald und holen den Christbaum." – „Ich dachte, den bringt das Christkind", wundert sich Peter. „Ja, freilich", meint der Vater, „aber ich kenne den Wald viel besser und weiß genau, welche Bäume stehen bleiben müssen und welche man als Weihnachtsbäume nehmen kann. Außerdem wollen wir doch dem Christkind ein bisschen helfen." Da ist der Peter sehr stolz auf seinen Vater. Im Wald ist es ganz still. Hin und wieder rieselt der Schnee von den Bäumen. Neben dem Weg sieht Peter

Spuren in der Schneedecke und der Vater erklärt sie ihm: „Schau, das waren Rehe, da ist ein Hase gehoppelt und hier sind Vögel gehüpft." Plötzlich bleibt der Vater stehen: „Pst, still. Dort drüben sind Rehe an der Futterkrippe." Sie sehen ihnen eine Weile zu. Dann kommen sie zu einer Stelle, wo der Wald sehr dicht ist. „Hier suchen wir uns einen Baum aus", sagt der Vater und Peter zeigt auf eine riesige Tanne: „Den da, Vati!" – „Da müssten wir ja unser Hausdach durchbohren", lacht der Vater, „nein, wir nehmen diesen hier." Er sägt ein kleines Fichtenbäumchen ab, sie binden es auf den Schlitten und ziehen es nach Hause. „Wir stellen den Baum auf die Veranda", sagt der Vater, „von dort wird ihn das Christkind holen und schön schmücken für das Weihnachtsfest." Darauf freut sich der Peter natürlich schon sehr!

Ein Schneeflockenmärchen

Vor vielen Jahren gab es einmal einen Winter, in dem noch kein einziges Stäubchen Schnee gefallen war. Die kleine Anne lag in ihrem Bett und dachte vor dem Einschlafen: „Wenn es doch endlich schneien würde!" Da hörte sie im Traum ein zaghaftes Klopfen am Fenster. Sie stand auf, alles war vom Mondlicht wie verzaubert und am Fensterbrett saß ein winziges Mädchen in einem weißen Glitzerkleidchen. „Ich bin eine Schneeflocke und heimlich hergeflogen", wisperte es, „die Schneekönigin

schläft immer noch, weil ihr Wecker nicht klingelt. Bitte, hilf uns doch!"

Aus den Mondstrahlen wurde auf einmal eine Leiter und Anne stieg hinauf, die Mauern und das Dach wichen zur Seite und sie stieg immer höher, bis sie in einem funkelnden Eispalast stand. Schneeflocken flogen ungeduldig hin und her und auf einem Eiskristallthron schlief die Schneekönigin. Neben ihr stand der Wecker, der wie ein großer Schneeball aussah. Die kleine Anne schüttelte ihn, ein Klingen und Klirren ertönte und die Schneekönigin sprang auf. Sie öffnete alle Fenster und Tore und die Schneeflocken wirbelten durcheinander. Anne sah nichts mehr vor lauter Schnee und ... da wachte sie auf. Aber was war denn das? Das Fenster war fast zugeschneit und draußen fiel in dichten Flocken der Schnee vom Himmel. „Es schneit, es schneit!", rief sie voll Freude. „Weil ich in der Nacht bei der Schneekönigin war." Aber so etwas gibt's halt nur im Märchen.

81

Schmuck für Geschenke

Eine Prachtschleife:
Du wickelst ein Band mehrere Male um ein Brettchen, streifst es ab und bindest es in der Mitte mit einem Faden zusammen. Breites oder sprödes Band schneidest du etwas

ein. Über den Faden knotest du ein Stück Band und ziehst die Schleife zu einer Rosette auseinander.

Geschenkanhänger
So ein Anhänger sieht auch am Weihnachtsbaum sehr hübsch aus. – Du brauchst dafür Springerle-Formen und weiße, brennbare Modelliermasse. Man bekommt sie in Papier- und Bastelläden. Du feuchtest die Springerle-Form innen an und drückst die Modelliermasse hinein. Durch das Anfeuchten lässt sich die Masse leicht wieder aus der Form lösen. Nun hat die Modelliermasse eine hübsche Form bekommen, zum Beispiel ein Herz wie auf unserer Abbildung. Dieses Herz legst du in den Backofen und lässt es härten. Wie das gemacht wird, steht auf der Gebrauchsanweisung, die der Masse beiliegt.

Wenn das Herz nach dem Härten wieder ausgekühlt ist, bemalst du es mit Temperafarben und überziehst es, wenn die Farben trocken sind, mit einem farblosen Lack.

Das vergessliche Englein

Am Tag vor dem Heiligen Abend fliegen die Weihnachtsenglein mit den Geschenken auf die Erde. Denn das Christkind schafft wirklich nicht alles allein. „Was machst du noch da?", schalt der Petrus ein Englein, das auf einer Wolke saß. „Marsch, auf die Erde hinunter!"
„Das hätte ich fast vergessen", meinte das Englein, nahm seinen Korb und flog zur Erde. Als es im Zwergenwald war, fiel ihm etwas ein und es setzte sich auf einen Baumstumpf. „Ich will nur schnell auf meinem Zettel nachsehen, wohin ich die Geschenke bringen soll", dachte es. Aber den Wunschzettel hatte es natürlich im Himmel gelassen! „Also", überlegte es laut, „der Fußball ist für ... Oma, die Pfeife für ... Monika, die Puppe ist für ...

Opa und das Kochbuch für ... Klausi und ..." – "Nein, nein, alles falsch!", piepste da ein Stimmchen und unter der Wurzel kroch ein Zwerglein hervor. Das half dem Englein, die Geschenke zu sortieren und auch auszutragen. Nach getaner Arbeit kamen sie dann am Abend wieder in den Zwergenwald und das Englein setzte sich auf den Baumstumpf. "Jetzt hätte ich beinahe vergessen, in den Himmel zu fliegen", sagte es nach einer Weile und flog schon zwischen den Bäumen davon. "Halt! Da steht noch dein Korb!", rief ihm das Zwerglein nach. "Den brauchst du doch wieder im nächsten Jahr!" Da lachte das Englein: "Oje, wie kann man nur so vergesslich sein."

Die Weihnachtszeit beginnt

Draußen wird es langsam dunkel. Im Zimmer sitzt Oma und strickt. „Ich sehe nichts mehr", sagt sie und legt ihre Handarbeit in den Korb.
„Soll ich das Licht andrehen?", fragt Susi. „Nein, noch nicht. Heute wollen wir etwas Besonderes machen."
„Was denn?", möchten Susi und Ulli wissen. Oma tut geheimnisvoll: „Wir sehen aus dem Fenster und schauen, was auf der Straße alles passiert."

Die Kinder drücken ihre Näschen an die Scheiben. „Aber da ist doch gar nichts!", stellt Ulli fest. „O doch", sagt Oma, „jetzt gehen die Straßenlaternen an und der Schnee glitzert wie tausend Diamanten." – „Drüben macht die Frau Schulz im Wohnzimmer Licht", ruft Ulli, „und jetzt der Herr Meier!" Susi hat entdeckt, dass der Bäcker Weiß einen Teller mit frischen Lebkuchen ins Schaufenster stellt und die Metzgersfrau eine Wurst aus der Auslage nimmt. Ein paar Leute gehen vorbei, mit Zweigen unterm Arm und mit Tüten und Taschen bepackt. „Was da wohl alles drin sein mag?", fragt Oma. „Vielleicht Nüsse und Schokolade und Spielsachen ...", zählt Susi auf. In dem Moment kommt ein herrlicher Duft aus der Küche. „Ah, die Bratäpfel sind fertig", meint Oma, „die lassen wir uns jetzt schmecken! Bratäpfel gehören nämlich auch zur Weihnachtszeit. Und damit es ganz feierlich ist, zünden wir uns eine Kerze an."

In der Himmelswerkstatt

Es war Nacht und die kleine Isabell schlief schon lange. In ihrem Puppenbettchen saßen der Teddy, die Puppen Resi und Rosi und das weiße Häschen mit dem rosa Näschen und unterhielten sich leise. „Hoffentlich vergisst uns das Christkind nicht", flüsterte der Teddy, „ich brauche dringend eine neue Schleife."

„Und ich hab nur noch einen Schuh", tuschelte Resi und Rosi klagte: „Ich hab fast keine Haare mehr." Das weiße Häschen mit dem rosa Näschen sagte: „Mein Näschen müsste einmal geputzt werden."

Das Christkind hatte die kleine Gesellschaft natürlich nicht vergessen und holte sie in die Himmelswerkstatt. Dort machten die Englein das kaputte Spielzeug wieder neu: Der Teddy bekam eine himmelblaue Schleife, die Resi ein Paar schicke rote Schuhe und Rosi freute sich über eine neue blonde Lockenfrisur. Aber als das weiße Häschen mit dem nicht mehr ganz rosa Näschen gebadet werden sollte, war es nirgends zu finden. Es hatte sich hinter einem Stern versteckt, weil es wasserscheu war. Ein Englein fand es dort und badete es sehr behutsam in einem Wolkenschaumbad.

Am anderen Morgen suchte die kleine Isabell überall ihre Lieblinge. Die Mutter tröstete sie: „Ich glaube, dass sie das Christkind in die Himmelswerkstatt geholt hat. Bestimmt sitzen sie am Heiligen Abend repariert und fein herausgeputzt unterm Weihnachtsbaum." Und so war es auch.

Ihr Kinderlein, kommet

1. Ihr Kin-der-lein, kom-met, o kom-met doch all'! Zur Krip-pe her

kom-met in Beth-le-hems Stall! Und seht, was in die-ser hoch-

hei-li-gen Nacht der Va-ter im Him-mel für Freu-de uns macht.

2. O seht in der Krippe im nächtlichen Stall,
seht hier bei des Lichtleins hell glänzendem Strahl
den lieblichen Knaben, das himmlische Kind,
viel schöner und holder als Engelein sind.

3. Da liegt es, ihr Kinder, auf Heu und auf Stroh,
Maria und Joseph betrachten es froh,
die redlichen Hirten knien betend davor,
hoch oben schwebt jubelnd der himmlische Chor.

Das Märchen
von der Strick-Marlen

Es war einmal ein Mädchen, das konnte wunderschön stricken. So hieß es nur die Strick-Marlen.
Jetzt vor Weihnachten hatte die Strick-Marlen viel Arbeit, denn die Leute wünschten sich etwas Warmes für den Winter. Sie strickte an einer roten Mütze für den Bürgermeister und ihre drei Kätzchen spielten mit dem Wollknäuel. Das kullerte die Treppe hinunter, auf die Straße hinaus, und sie gaben sich erst zufrieden, als es ganz aufgerollt war.

Ausgerechnet an dem Tag fuhr der Prinz in seiner Kutsche durch das Dorf. Er sollte sich nämlich eine Braut suchen. „Wenn du bis Weihnachten nicht verheiratet bist, bekommst du kein Stückchen vom Königreich", hatte der König gesagt. „Ach, diese langweiligen Prinzessinnen", dachte der Prinz ärgerlich, „und außerdem friert's mich an den Ohren." Da sah er den roten Faden im Schnee. Neugierig stieg er aus, ging dem Faden nach und stand schließlich im Stübchen der Strick-Marlen. Sie nähte gerade eine große Bommel an die rote Mütze. „Bitte, kannst du mir die Mütze nicht schenken", bettelte der Prinz, „meine Ohren sind wie Eiszapfen."

„Na gut", lachte Marlen und der Prinz zog sich die Mütze über den Kopf, setzte seine Krone oben drauf und gab keine Ruhe, bis Marlen mit in das Schloss kam. Dort musste sie für alle warme Mützen stricken.

Der Prinz hat die Marlen natürlich geheiratet und sogar bei der Hochzeit hatte er unter der Krone die rote Bommelmütze auf.

Von der Pfefferkuchenfrau und dem Honigkuchenpferd

Beim Bäckermeister Mandelkern stand vor Weihnachten ein Körbchen mit feinsten Schokoladensternen im Schaufenster. Und daneben in der Ecke lehnten ein Honigkuchenpferd und eine Pfefferkuchenfrau. Die armen Kinder aus dem Dorf drückten sich ihre Näschen an der Scheibe platt und wünschten sich ein paar von den Schokoladensternen. Aber sie hatten ja kein Geld, um sich diese Köstlichkeiten kaufen zu können.

Nun geschehen in der Weihnachtszeit die seltsamsten Dinge und in der Nacht können sogar ein Honigkuchenpferd und eine Pfefferkuchenfrau lebendig werden. „Ich kann das nicht mehr mit ansehen, die Kinder tun mir so leid", sagte die Pfefferkuchenfrau und das Honigkuchenpferd meinte: „Mir auch." So nahm die Pfefferkuchenfrau das Körbchen mit den Schokoladensternen und setzte sich auf das Honigkuchenpferd. Das galoppierte zum Bäckerladen hinaus, trabte durch den hohen Schnee und die Pfefferkuchenfrau verteilte die Sterne auf die Fensterbretter der Häuser, wo die armen Kinder wohnten. Dann galoppierte das Honigkuchenpferd mit der Pfefferkuchenfrau durch den Schnee zurück in das Schaufenster vom Bäckermeister Mandelkern.

Der wunderte sich am anderen Morgen, als er das leere Körbchen sah. „Was in der Weihnachtszeit so alles passiert", brummte er vor sich hin, aber dass unter dem Honigkuchenpferd eine kleine Wasserpfütze war, das konnte er beim besten Willen nicht verstehen.

Glitzerchen fiel auf die Erde

Am Nachthimmel strahlten die Sterne. Für das winzigste Sternlein Glitzerchen war es das erste Mal, dass es zur Weihnachtszeit hinunter auf die Erde leuchtete. „Was sind das nur da unten für Lichter? Ob das auch Sterne sind?", dachte es, kippte nach vorn und fiel vom Himmelszelt. Es verging ihm Hören und Sehen, und als es zu sich kam, lag es unter einem Baum. Die Tiere aus dem Wald standen herum und der Hirsch sagte: „Hier kannst du nicht bleiben, liebes Sternchen, du strahlst so hell, da können wir nicht schlafen."

Da lief Glitzerchen aus dem Wald und in der Ferne sah es große Lichter. „Dort sind ja die Sterne!", freute es sich. Aber es waren keine Sterne, es war eine beleuchtete Stadt. Das kleine Sternchen ging durch die Straßen und wunderte sich sehr. Ein Mann kam aus einem Laden gelaufen und rief: „Du fehlst mir noch für mein Weihnachtsschaufenster!", und wollte nach Glitzerchen greifen. Das aber rannte schnell davon und rannte, bis es in ein Dorf kam. In einem Haus wurde ein Fenster geöffnet und eine Frau schrie: „Den Stern da draußen hole ich mir für meine Christbaumspitze!"
Gerade in dem Moment flog ein Englein vorbei. „Ja, Glitzerchen, was machst du denn da?", fragte es. „Ich fliege nach Hause, soll ich dich mitnehmen?"
„Ja, bitte, bitte!", bettelte das Sternchen, kletterte in das leere Körbchen und sie flogen hinauf in den Himmel. Jetzt funkelt Glitzerchen wieder dort oben und ist glücklich, dass es daheim ist.

Weihnachtsbäckerei

Spitzbuben

Dazu brauchst du:

500 g gesiebtes Mehl
200 g Zucker
250 g Butter oder Margarine
1 Päckchen Vanillezucker
2 Eier
125 g geriebene Haselnüsse
etwas Marmelade
etwas Puderzucker

Mit dem Handmixer rührst du die Butter schaumig, gibst dann Zucker, Vanillezucker und die Eier dazu und verrührst alles. Nun kommen langsam das gesiebte Mehl und die gemahlenen Haselnüsse hinein. Jetzt musst du den Teig mit der Hand weiterkneten. Lege ihn dazu auf ein bemehltes Brett. Anschließend soll er 15 Minuten lang im Kühlschrank abkühlen. Danach rollst du ihn dünn aus, stichst sternförmige Plätzchen aus und legst diese auf ein gefettetes Backblech. Sie werden bei 200 Grad 15 Minuten lang gebacken. Schließlich klebst du davon je zwei mit der Marmelade zusammen und wälzt sie, wenn sie abgekühlt sind, in Puderzucker.

Alle Jahre wieder

1. Alle Jahre wieder kommt das Christuskind
auf die Erde nieder, wo wir Menschen sind.

2. Kehrt mit seinem Segen
ein in jedes Haus,
geht auf allen Wegen
mit uns ein und aus.

3. Ist auch mir zur Seite
still und unerkannt,
dass es treu mich leite
an der lieben Hand.

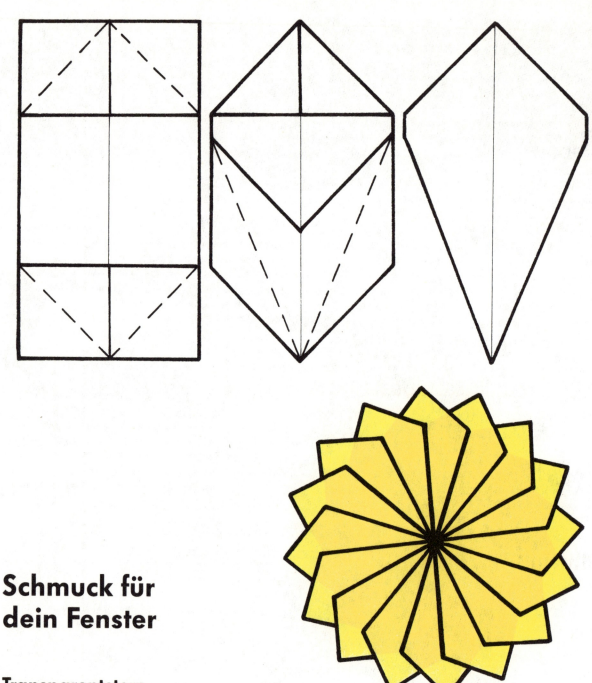

Schmuck für dein Fenster

Transparentstern

Dazu brauchst du:
16 Rechtecke aus Transparentpapier in der Größe 18 x 10 cm,
Schere, Klebestift, Tesafilm

Falte jedes Rechteck einmal längs und klappe es wieder auf. Nun faltest du alle vier Ecken bis zu dem entstandenen Knick und zwei davon nochmals bis zur Mitte (siehe Skizze!). Befestige die gefalteten Ecken mit Tesafilm und klebe alle Teile wie auf dem unteren Bild zusammen. Diesen Stern kannst du dann an dein Fenster kleben.

Bastelstunde bei Tante Elke

„Habt ihr denn schon Geschenke für die Mutti und den Vati?", fragt Tante Elke Andi und Eva, die heute bei ihr zu Besuch sind. „Nein", murmelt Andi und Eva meint kleinlaut: „Wir haben doch kein Geld."

„Wir könnten ja etwas basteln", schlägt die Tante vor. Die Kinder sind begeistert und Tante Elke holt eine Schachtel mit Zapfen, Buntpapier und Kinderscheren und allerlei Bastelkram. „Wenn ihr wollt, basteln wir Englein und Nikoläuse." Natürlich wollen die beiden! Die

Tante nimmt zwei Kiefernzapfen und befestigt auf jedem eine Holzperle als Köpfchen. Der Nikolaus bekommt eine rote Papiermütze und einen Wattebart angeklebt und das Englein langes Engelshaar und goldene Papierflügelchen. Dann malt ihnen die Tante Gesichter und das Englein kriegt noch ein goldenes Sternchen ins Haar. Andi und Eva haben aufmerksam zugeschaut und machen sich eifrig an die Arbeit. Sie schnippeln und kleben und malen, und wenn etwas nicht so ganz klappt, dann hilft ihnen Tante Elke. „Darüber werden sich eure Eltern mehr freuen, als wenn ihr etwas gekauft hättet", sagt sie. Die kleinen Figuren sind wirklich wunderhübsch geworden! Die Kinder sind sehr stolz auf ihre Werke. Aus Freude und Übermut steckt sich Andi ein Sternchen ins Haar und piepst: „Ich bin auch ein Engel."

„Und ich bin ein Nikolaus", brummt Eva und klemmt sich weiße Watte unters Kinn. Tante Elke lacht: „So, jetzt bring ich euch nach Hause, ihr großen Bastelkünstler!"

Christkind im Zwergenwald

Manchmal fährt das Christkind mit einem Schlitten auf die Erde. Der Weg führt über die Sternengasse und den Wolkenweg hinunter zum Zwergenwald. Durch den muss es fahren, wenn es zur Stadt kommen will.
In diesem Wald wohnten Wurzel und Purzel in ihrem Zwergenhäuschen. „Bei dem hohen Schnee können wir heute nicht in den Wald gehen", stellte Purzel fest, „da versinken wir ja bis zu den Zipfelmützen." Auf einmal hörten sie feine, helle Glöckchen klingen, aber ... plötzlich war es still. Die Zwerge rannten hinaus vor die Tür. Was war geschehen? Das Christkind war mit seinem Schlitten vom vereisten Waldweg abgekommen, in den Graben gerutscht und in einem Schneehaufen stecken geblieben. Es saß fest. „Das werden wir gleich haben!", riefen Wurzel und Purzel, klatschten dreimal in die Hände und bald darauf kamen die Waldtiere zwischen den Tannen hervor. Sie gruben und scharrten so lange, bis der Schlitten freigeschaufelt war. Dann flogen die Vögel von den Zweigen herunter, spannten sich vor den Schlitten und zogen ihn auf den Waldweg. „Wie dankbar bin ich euch!", freute sich das Christkind. „Ich möchte euch gern zu Weihnachten etwas Schönes schenken." Die Zwerge wünschten sich einen kleinen Schlitten und seit

der Zeit fahren sie auch bei hohem Schnee – huii! – durch den Winterwald. Manches Mal zieht sie ein Häschen, dann wieder ein Füchslein und einmal hab ich hintendrauf drei Spatzen sitzen gesehen.

Die Weihnachtshunde

Heute ist was los in Mutters Küche! Überall stehen Tüten und Schüsseln mit Mehl und Zucker und feinen Gewürzen. Auf dem Tisch liegt ein riesiger Berg von duftendem, braunem Lebkuchenteig. Kathi und Frieder knien auf den Stühlen und können es kaum erwarten, bis die Mutter die Ausstechförmchen aus dem Schrank holt.

„Aber zuerst Schürzen umbinden", lächelt sie, „ihr seht ja schon selbst aus wie Lebkuchenmänner!" Tatsächlich: Die Kinder haben sich bereits von dem Teig genommen, er klebt ihnen an Gesicht und Händchen. Sie kneten und walken und ihre Wangen glühen mit dem heißen Ofenrohr um die Wette. Dann stechen sie Sterne und Weihnachtsbäume aus, kleine Ringe und Herzen. Die verzieren sie mit Mandeln und Rosinen und die Mutter legt die

Figuren auf ein Blech. „Ich glaube, es hat geläutet, macht inzwischen keinen Unsinn", sagt sie und geht aus der Küche.

Als die Mutter wieder zurückkommt, haben Kathi und Frieder ihre Köpfchen zusammengesteckt und kichern. „Ihr habt ja lauter Osterhasen ausgestochen!", ruft die Mutter überrascht. „Das sind doch keine Osterhasen", sagt Frieder, „das sind Weihnachtshunde." – „Na, die könnt ihr aber selber essen, wenn sie gebacken sind", lacht die Mutter.

„Ui, fein!", freuen sich die beiden kleinen Bäckermeister, „Weihnachtshunde schmecken ganz, ganz prima!"

Weihnachtsbäckerei

Kokosmakronen

Für Kokosmakronen musst du zunächst eine Zitrone sorgfältig waschen und dann ihre Schale mit einem feinen Reibeisen abreiben. Stelle dir die Zutaten bereit:

250 g Kokosflocken
250 g Zucker
5 Eiweiß
abgeriebene Schale einer Zitrone

Schlage mit dem Handmixer das Eiweiß zu ganz steifem Schnee. Dann gib langsam den Zucker, die Kokosflocken und die abgeriebene Zitronenschale dazu und hebe alles vorsichtig darunter. Verteile nun Oblaten auf ein Backblech und setze auf jede einen Teelöffel von der Kokosmasse. Die Kokosmakronen werden bei 150 Grad 20 Minuten lang gebacken.

Vanillebusserl

Von den Makronen hast du 5 Eigelb übrig. Damit kannst du Vanillebusserl backen.
Du brauchst dazu:
5 Eigelb
2 Päckchen Vanillezucker
350 g Puderzucker

Schlage das Eigelb und den Zucker mit dem Handmixer sehr schaumig. Setze davon kleine Häufchen auf Oblaten und lass diese in der nur leicht warmen Backröhre trocknen.

Butterplätzchen

Und nun ein Rezept, bei dem du mit Förmchen alle möglichen Figuren ausstechen kannst. Wir backen Butterplätzchen.
Du brauchst dazu:
250 g Mehl
200 g Butter oder Margarine
100 g Zucker
1 Eigelb
1 Päckchen Vanillezucker
abgeriebene Schale einer halben Zitrone
(wie man das macht, steht beim Rezept für Kokosmakronen.)

Knete alle Zutaten auf einem Brett zu einem glatten Teig und stelle diesen eine halbe Stunde lang kalt. Danach rollst du ihn 3 Millimeter dick aus und stichst mit Förmchen Plätzchen aus, die du auf ein gefettetes Backblech legst. Vor dem Backen kannst du einen Teil mit Eigelb bestreichen – oder du lässt sie, wie sie sind, und verzierst sie nach dem Backen (200 Grad, 15 Minuten) mit einer Zuckerglasur.

Am Weihnachtsbaum die Lichter brennen

1. Am Weih-nachts-baum die Lich-ter bren-nen, wie glänzt er fest-lich lieb und mild, als spräch' er: Wollt in mir er-ken-nen ge-treu-er Hoff-nung stil-les Bild.

2. Zwei Engel sind hereingetreten,
kein Auge hat sie kommen sehn,
sie gehn zum Weihnachtstisch und beten,
und wenden wieder sich zu gehn.

Geschenke hübsch verpackt

Jedes Geschenk macht noch mehr Freude, wenn es liebevoll verpackt ist.
Schlage dein Geschenk direkt in schönes Papier ein oder wähle je nach seiner Form eine geeignete Schachtel aus. Die kannst du dann einwickeln oder bekleben und mit einem bunten Band, einer Schleife oder sonstwie schmücken. Die folgenden Abbildungen geben dir hierzu ein paar Anregungen.

Petrus sucht seinen Schlüssel

Der Petrus im Himmel war verzweifelt. Er hatte seinen großen, goldenen Schlüssel für das Himmelstor verloren. Und das gerade jetzt vor Weihnachten, wenn die Englein mit den Geschenken auf die Erde fliegen sollten! Und das Christkind? Na, das durfte davon nichts erfahren.

Petrus suchte in den Schneewolken und in den Regenwolken und bat alle Englein, ihm suchen zu helfen, aber die hatten jetzt etwas anderes zu tun. Hatte er ihn nicht gestern an die Zacke des Abendsterns gehängt, bevor er

schlafen ging? Ein Englein kam angeflogen und schaute den Petrus scheinheilig an: „Fehlt dir was?" – „Du bist vielleicht lustig!", brauste Petrus auf. „Mein Schlüssel ist weg!" Da grinste das Englein verschmitzt und holte hinter seinem Rücken einen glänzenden, goldenen Schlüssel hervor. „Ist es der?", fragte es, aber der Petrus schüttelte enttäuscht den Kopf: „Nein, nein. Meiner ist schon sehr alt und glänzt nicht so wunderschön." Das Englein meinte: „Probieren können wir ihn ja mal." Sie steckten den glänzenden Schlüssel in das Himmelstorschloss und ... er passte! „Ja, wie gibt's denn so was?", wunderte sich der Petrus. „Mein Weihnachtsgeschenk für dich", sagte das Englein. „Ich hab deinen alten Schlüssel drei Stunden lang poliert." Da freute sich der Petrus riesig und gab dem Englein ein Küsschen auf die Wange.

Weihnachtsbäckerei

Hast du die ersten Plätzchenrezepte ausprobiert? Ja? Dann bist du nun schon ein geübter Plätzchenbäcker. Versuch's doch einmal mit

Zimtplätzchen
Dazu brauchst du:
300 g Mehl, 175 g Butter, 80 g Zucker,
½ Teelöffel Zimt, 2 Eier, 1 Eigelb, 2 Esslöffel Butter
Backtemperatur: 180 Grad (vorheizen!)

Gib alle Zutaten auf ein Brett und bereite daraus mit den Händen einen Teig. Anschließend stellst du den Teig eine halbe Stunde lang kalt. Danach rollst du ihn dünn aus. Nun brauchst du Förmchen. Du stichst damit Plätzchen aus und legst sie auf ein gefettetes Blech. Jetzt gibst du die Butter in ein Pfännchen und zerlässt sie. Mit einem Pinsel bestreichst du damit die Plätzchen und schiebst sie dann in den Backofen. Nach ungefähr 10 Minuten sind sie fertig. Hoffentlich schmecken sie dir!

Weihnachten bei Kai und Katja

Endlich ist der Heilige Abend da! Kai und Katja kommen aus der Kirche nach Hause. Kai will gleich ins Wohnzimmer stürmen, aber – die Wohnzimmertür ist verschlossen. „Ist schon das Christkind drin?", fragt Kai aufgeregt.

Die beiden lauschen angestrengt hinter der Tür. Und wirklich – es raschelt und knistert, flüstert und wispert. Das sind die Englein mit dem Christkind, die den Weihnachtsbaum und die Geschenke bringen!

„Jetzt kommt mal her, ihr zwei!", ruft Oma. „Gelauscht wird nicht! Ich lese euch etwas vor, damit die Zeit schneller vergeht." Das muss Oma nicht zweimal sagen. Kai nascht noch schnell etwas Plätzchenteig, dann setzt

er sich zu Katja. „Es waren einmal zwei Kinder, die haben vor Weihnachten so viele Plätzchen genascht, dass ihre Mutter sogar am Heiligen Abend noch backen musste ..." fängt Oma ihre Geschichte an. Kai und Katja kichern.

Während die Kinder ihrer Oma zuhören, schwebt draußen ein Engelchen nach dem anderen vom Himmel. Sie sind mit vielen bunten Paketen beladen. Ob die alle für Kai und Katja bestimmt sind? Ein Engelchen plagt sich

besonders mit einem riesigen grünen Paket. „Ist das schwer!", stöhnt es. Immer wieder muss es die Last im Schnee absetzen. „Ich wüsste ja zu gerne, was da drin ist!" Aber – auch die Englein wissen nicht alles!

„Klingling! Klingling!", läutet plötzlich ein feines Glöckchen. „Das Christkind ist fertig! Bescherung!", rufen Kai und Katja und stürzen ins Wohnzimmer. Dort bekommen sie ganz große Augen. „So ein herrlicher Baum!",

staunt Katja. „Und die vielen Pakete! Schau nur, Kai, das große da ist für dich!" Kai sieht und hört bald nichts mehr. Er sitzt vor einem Ställchen und flüstert: „Ein Kaninchen! Danke! Das hab ich mir so gewünscht!"

Unterdessen haben die Englein Säcke mit Heu, Äpfeln und Nüssen für die Waldtiere gebracht. „Kommt alle her!", rufen sie. „Ihr findet in dem tiefen Schnee doch kein Futter mehr!" Da springen Eichhörnchen und Hasen

herbei und fangen an zu knabbern; ein Reh schnuppert hungrig am Heu und die Vögel flattern von den Bäumen und lassen sich die Körner gut schmecken. „Danke, dass ihr an uns gedacht habt!", zwitschert ein Rotkehlchen.

Kai und Katja haben alle ihre Geschenke ausgepackt und alle wünschen sich frohe Weihnachten. Dann singen sie: „O du fröhliche!" Nur Opa singt, wie immer, ein bisschen falsch.

Lasst uns froh und munter sein

1. Lasst uns froh und munter sein und uns recht von Herzen freun. Lustig, lustig, tralerallera, bald ist Niklausabend da, bald ist Niklausabend da.

2. Dann stell ich den Teller auf,
Niklaus legt gewiss was drauf.

3. Wenn ich schlaf, dann träume ich:
Jetzt bringt Niklaus was für mich.

4. Wenn ich aufgestanden bin,
lauf ich schnell zum Teller hin.

5. Niklaus ist ein guter Mann,
dem man nicht g'nug danken kann.

Wir basteln

Lustige Pflaumenmänner

1. Zuerst werden zwei Drähte miteinander verbunden.

2. Große, gedörrte Pflaumen werden auf den Drähten aufgereiht. Die Drahtenden biegst du nach innen. Für den Leib kannst du statt Pflaumen auch Feigen verwenden.

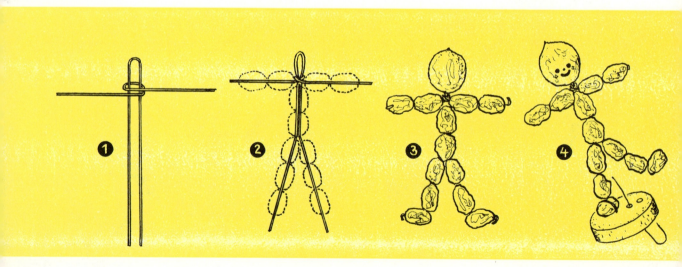

3. Dann klemmst du die obere Drahtschlinge in eine Nuss, auf die du zuvor ein Gesicht gemalt hast.

4. In eine Holzscheibe bohrst du vier Löcher und befestigst die Figuren mit Blumendraht.

Zubehör
Übertrage die Schnittmuster für Zylinder, Mütze und Kragen auf Filz. Für den Zylinder rollst du Z1 und klebst es zusammen. Z2 wird daraufgesetzt und der Rand Z3 unten an der Röhre befestigt. Den Schirm faltest du aus Papier, das in der Mitte gegen einen Draht geklebt wird.
Der Schornsteinfeger trägt ein Marzipanschwein, der Kavalier eine Schokoladenflasche.

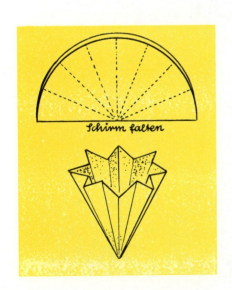
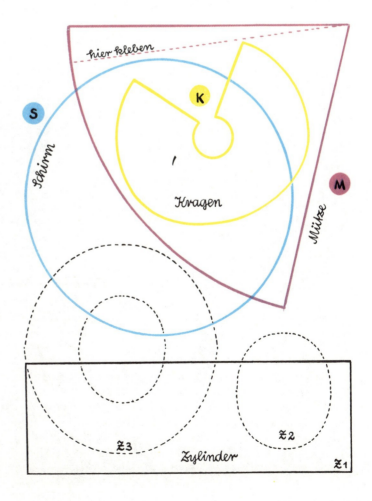

Der Heilige Abend

Endlich, endlich ist er da, der lang ersehnte Heilige Abend! Wie sehr haben sich Ute und Wolfgang schon auf diesen Tag gefreut. Und nun können sie es kaum erwarten, dass es Abend wird.

Das Weihnachtszimmer ist abgeschlossen. Hinter der Tür raschelt es geheimnisvoll und durch die Türritzen schimmert helles Licht. „Ich glaube, jetzt ist das Christkind drin", flüstert Ute und Wolfgang flüstert zurück: „Soll ich durchs Schlüsselloch schauen?" – „Nein", sagt Ute leise, „das darf man doch nicht." Wie aufregend heute alles

ist! Dann findet Wolfgang sogar ein goldenes Engelshaar auf dem Teppich und Ute schaut aus dem Fenster. „Vielleicht sehe ich das Christkind vorbeifliegen", meint sie. Da! Was war das? Jetzt hören die Kinder ganz deutlich: „Klingelingeling!" Und schon geht die Tür zum Weihnachtszimmer auf! Ute und Wolfgang stehen wie angewurzelt und schauen staunend auf den strahlenden, herrlich geschmückten Weihnachtsbaum. Und was liegen da für Wunderdinge darunter! Viele bunte Päckchen mit Schleifen und eine Puppe und eine Eisenbahn und ... und ... „Fröhliche Weihnachten!", rufen Vati und Mutti und drücken die beiden zärtlich an sich. Sie singen zusammen: „Stille Nacht, heilige Nacht ..." Aber dann stürzen sich Ute und Wolfgang mit „hurra" auf ihre Geschenke und die Eltern freuen sich über die Bilder, die ihnen die Kinder gemalt haben. Draußen läuten die Glocken von allen Kirchtürmen feierlich die Weihnachtsnacht ein.

Stille Nacht

1. Stil - le Nacht, hei - li - ge Nacht! Al - les schläft, ein - sam wacht
nur das trau - te, hoch - hei - li - ge Paar, hol - der Kna - be im lo - cki - gen Haar,
schlaf in himm - li - scher Ruh,___ schlaf___ in himm - li - scher Ruh!

2. Stille Nacht, heilige Nacht!
Hirten erst kundgemacht;
durch der Engel Halleluja
tönt es laut von fern und nah:
Christ, der Retter, ist da!
Christ, der Retter, ist da!

3. Stille Nacht, heilige Nacht!
Gottes Sohn, oh, wie lacht
Lieb' aus deinem göttlichen Mund,
da uns schlägt die rettende Stund',
Christ, in deiner Geburt!
Christ, in deiner Geburt!

Inhaltsverzeichnis

	Seite
Nuss-Säcklein	6
In der Weihnachtswerkstatt	7
Geschenke basteln und verpacken	23
Kling, Glöckchen, klingelingeling	24
Weihnachtsbäckerei: Gewürztaler	26
Bärbels neue Freundin	27
Die hungrigen Vöglein	29
„Laterne, Laterne …"	31
Der Traum	33
Wer bastelt mit?	34
O Tannenbaum	36
Die fleißigen Weihnachtsenglein	38
Leise rieselt der Schnee	56
Weihnachtsbäckerei: Nusshäufchen	58
Der Nikolaus kommt	59
Knecht Ruprecht	62
Kurt und Sabine feiern Advent	64
Micha und der Bär	66
O du fröhliche	68
Ein Brief an das Christkind	70
Am Weihnachtsmorgen	72
Vom kleinen Kiefernzapfen	73
Auf dem Weihnachtsmarkt	75
Peter holt den Christbaum	77

	Seite
Ein Schneeflockenmärchen	79
Schmuck für Geschenke	82
Das vergessliche Englein	83
Die Weihnachtszeit beginnt	85
In der Himmelswerkstatt	87
Ihr Kinderlein, kommet	90
Das Märchen von der Strick-Marlen	92
Von der Pfefferkuchenfrau und dem Honigkuchenpferd	95
Glitzerchen fiel auf die Erde	98
Weihnachtsbäckerei: Spitzbuben	101
Alle Jahre wieder	102
Schmuck für dein Fenster	104
Bastelstunde bei Tante Elke	105
Christkind im Zwergenwald	108
Die Weihnachtshunde	110
Weihnachtsbäckerei: Makronen, Vanillebusserl, Butterplätzchen	112
Am Weihnachtsbaum die Lichter brennen	114
Geschenke — hübsch verpackt	116
Petrus sucht seinen Schlüssel	117
Weihnachtsbäckerei: Zimtplätzchen	120
Weihnachten bei Kai und Katja	121
Lasst uns froh und munter sein	133
Wir basteln: Lustige Pflaumenmänner	134
Der Heilige Abend	136
Stille Nacht	138